TÉ NATIONALE
BEAUX ARTS

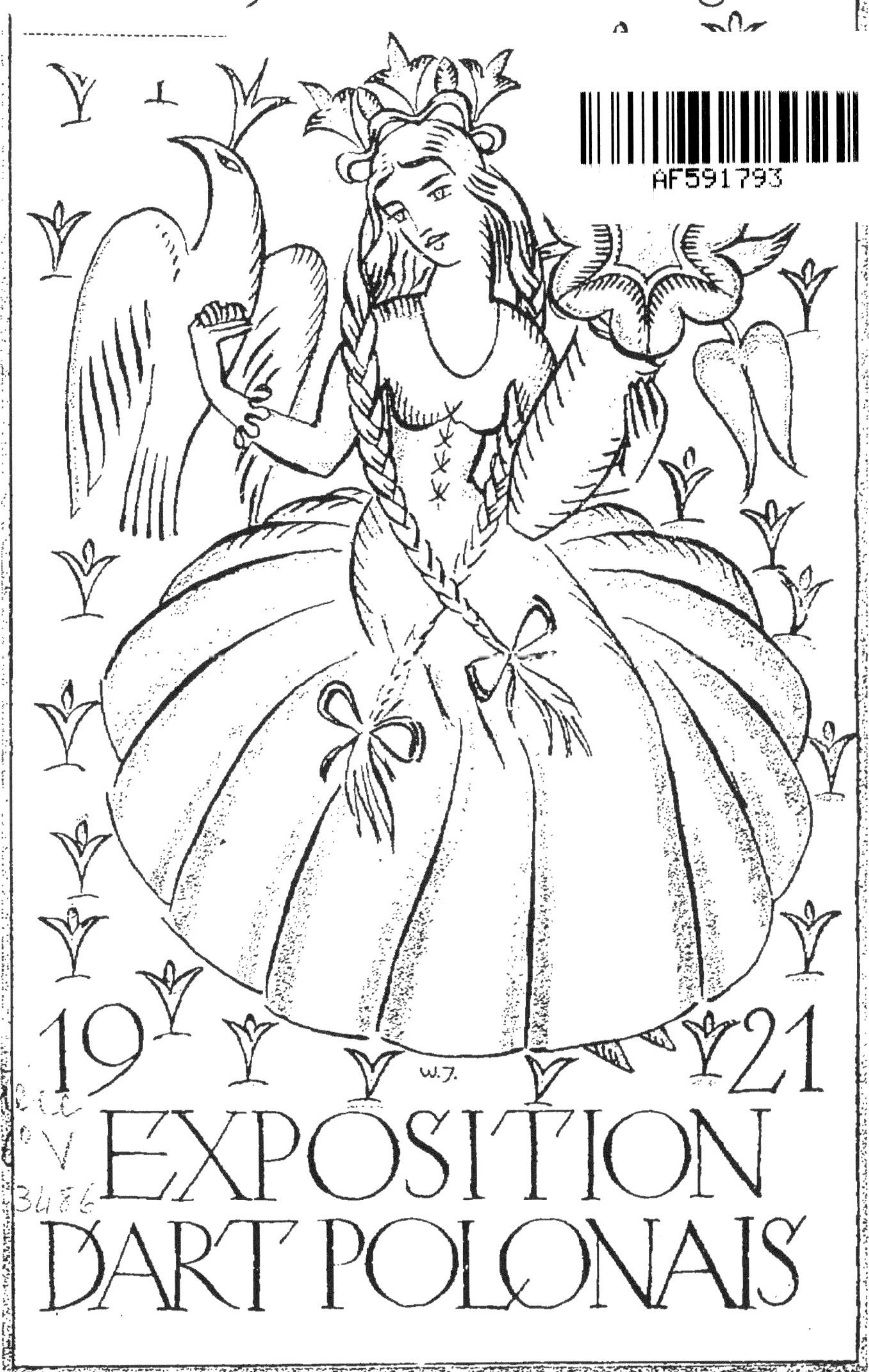

CATALOGUE

DE

L'EXPOSITION D'ART POLONAIS

au Salon
de la Société Nationale
des Beaux-Arts
(Grand Palais)

PARIS

13 AVRIL — 30 JUIN 1921

Sous le haut patronage de

M. A. MILLERAND et du **Maréchal PILSUDSKI**

Président de la République Française.

Chef de l'État Polonais.

COMITÉ D'HONNEUR :

M. Aristide Briand, président du Conseil, Ministre des Affaires Étrangères.

M. Vincent Witos, président du Conseil des Ministres de Pologne.

Prince Eustache Sapieha, Ministre des Affaires Étrangères de Pologne.

M. Léon Bérard, Ministre de l'Instruction publique et des Beaux-Arts.

Comte Maurice Zamoyski, Ministre de Pologne à Paris.

M. Autrand, Préfet de la Seine.

M. R. Deville, conseiller municipal, président de la Commission des Beaux-Arts.

M. Falcou, Directeur des Beaux-Arts de la Ville de Paris.

M. Le Corbeiller, président du Conseil Municipal de Paris.

M. Paul Leon, directeur des Beaux-Arts.

M. J. Noulens, Sénateur, Ambassadeur de France, président de l'Association « France-Pologne ».

M. Raux, Préfet de Police.

Président d'Honneur du Comité exécutif de Paris :

M. ALBERT BARTHOLOMÉ, président de la Société Nationale des Beaux-Arts.

Vice-présidents du Comité central exécutif de Varsovie :

M. IGNACE DASZYŃSKI, ancien vice-président du Conseil des Ministres de Pologne.

M. STANISLAS PATEK, ancien Ministre des Affaires Etrangères de Pologne.

Comités locaux de Cracovie, Lwów et Poznań.

Commissaire Général :

EDOUARD WITTIG,
Professeur à l'Ecole
des Beaux-Arts
de Varsovie.

Délégué Artistique :

FERDINAND RUSZCZYC,
Doyen de la Faculté des
Beaux-Arts de l'Université
de Wilno.

Signe abréviatif. S. = membre de la Société des artistes polonais « Sztuka » (L'Art) à Cracovie.

PEINTURE

ART PAYSAN PRIMITIF (ZAKOPANE-MONTS-TATRA).

1—4. *Images de piété* — Peinture sur verre.

AUTEUR INCONNU. — XVIIIe siècle.

5-7. — *Histoire de Mazeppa.*

AXENTOWICZ (THÉODORE). — Cracovie (S.).

8. — *La Danse (Oberek).*
9. — *Portrait.* — Pastel.
10. — *Jeune paysanne* — Pastel.

ALEKSANDROWICZ (Mme NINA). — Paris.

11. — *Petite Catalane.*

BOZNAŃSKA (Mlle OLGA DE). — Paris (S.).

12. — *Portrait du comte Pusłowski.*
13. — *Intérieur d'atelier.*
14. — *Portrait de Mme Lachowska.*
15. — *Portrait d'une dame en robe brune.*
16. — *Portrait de M. X.*

BOROWSKI (Wenceslas). — Varsovie.

17. — *Le Còncert.*

BRANDEL (Constantin). — Paris.

18. — *Le doute.*
19. — *La dissolution.*
20. — *Paysage.*

BRANDT (Joseph). — 1841-1915.

21. — *Episode de la guerre polono-suédoise.*

BRODOWSKI (Antoine). — 1784-1832

22. — *Portrait du peintre.*

CHEŁMOŃSKI (Joseph). — 1850-1914 (S.).

23. — *Visite à la ferme.*
24. — *Attelage.*
25. — *Au jardin.*
26. — *Jeune bergère.*
27. — *Au matin sur l'étang.*
28. — *Clair de lune.*
29. — *L'élévation.*
30. — *Le procès en première instance.*

CZAJKOWSKI (Joseph). — Varsovie.

31. — *Un coin de Cracovie en automne.*

32. — *Intérieur d'atelier.*
33. — *Maison de campagne.*

CZAJKOWSKI (Stanislas). — Cracovie.

34. — *Cour de ferme.*
35. — *Effet de neige.*

DAMEL (Jean). — 1780-1840.

36. — *Portrait.*

D'ERCEVILLE. (Mme Hélène). — Paris.

37. — *St. Giorgio Maggiore.*
38. — *Vue de Sorrento.*

D'ERCEVILLE (Wenceslas). — Paris.

39. — *Portrait de l'artiste.*

FAŁAT (Julien). — Torun (S.).

40. — *Paysage d'hiver.*
41. — *Cour du château de Dembno.*
42. — *Portrait de l'artiste.* — Aquarelle.
43. — *Vieille église de campagne.*—Aquarelle.
44. — *Chasse à l'ours.* — Aquarelle.
45. — *Montagnard.* — Aquarelle.
46. — *Cracovie.*

FILIPKIEWICZ. — Cracovie (S.).

47. — *Nature morte.*

48. — *Nature morte.*
49: — *Au pied des monts Tatra.*
50. — *L'hiver à Zakopane.*

GIERYMSKI (Alexandre). — 1849-1901.

51. — *L'estaminet.*
52. — *Intérieur de l'église de Rothenburg.*

GIERYMSKI (Maximilien). — 1846-1874.

53. — *Ebauche.*
54. — *Cavaliers dans un paysage ensoleillé.*
55. — *La chasse.*
56. — *Les insurgés.*

GROMBECKI (Henri). — Varsovie.

57. — *Portrait du père de l'artiste.*

HALICKA (Mme Alice). — Paris.

58. — *Portrait.*
59. — *Nature morte.*

HASSENBERG (Reno). — Paris.

60. — *Paysage de Crimée.*
61. — *Glaïeuls.*

HOFFMAN (Vlastimil). — Cracovie.

62. — *La confession.*

63. — *Une légende.*

JAROCKI (Ladislas). — Lwów (S.).

64. — *Retour de l'église.*

KAMIEŃSKI (Antoine). — Varsovie.

65. — *Cour de l'Université Jagellonne à Cracovie.* — Eau-forte.

KAMIŃSKI (Sigismond). — Varsovie.

66. — *Dessins.*

KAMOCKI (Stanislas). — Cracovie (S.).

67. — *Le Couvent de Czerna.*
68. — *Le printemps à Zakopane.*
69. — *Intérieur d'une église de campagne.*

KARPIŃSKI (Alphonse). — Cracovie.

70. — *Intérieur.*

KĘDZIERSKI (Apolonius). — Varsovie.

71. — *Le pêcheur.*
72. — *Porteuse d'eau.*

KOSSAK (Jules). — 1824-1899.

73. — *Cosaque.*
74. — *Traîneau.*

KOSSAK (Wojciech). — Cracovie.

75. — *L'année* 1813.

KRAMSZTYK (Romain). — Varsovie.

76. — *Le poète*

KRZYŹANOWSKI (Conrad). — Varsovie.

77. — *Portrait.*
78. — *Portrait.*
79. — *Mère et fille.*
80. — *Masque.* — Dessin.
81. — *Masque.* — Dessin.
82. — *Masque.* — Dessin.
83. — *Masque.* — Dessin.

LANDAU (Sigismond). — Paris.

84. — *Les tulipes.*

LAZARSKA (Mme Stephanie). — Paris.

85. — *Fresque.*

LENTZ (Stanislas). — 1862-1920. (S.).

86. — *Portrait de Mme K.*
87. — *Portrait du graveur J. Holewinski.*
88. — *A l'atelier.*

MALCZEWSKI (Jacek). — Cracovie.

89. — *Le puits empoisonné.* I.

90. — *Le puits empoisonné.* II.
91. — *Paysage.*
92. — *Le dégel.*
93. — *Primevère.*

MASŁOWSKI (Stanislas). — Varsovie (S.).

94. — *Le marché de Kazimierz-sur-Vistule.* Aquarelle.

MASZKOWSKI (Charles). — Varsovie (S.).

95. — *Projets de décors.*

MATEJKO (Jean). — 1838-1893.

96. — *Le roi Batory au siège de Pskow.*
97. — *La mort de Saint Stanislas.* — Ebauche.
98. — *Portrait de M. Dobrzański.*
99. — *Portrait de la Comtesse Pusłowska.*
100. — *Portrait de J. Szujski, recteur de l'Université de Cracovie.*
101. — *Portrait de J. Dietl, doyen de l'Université de Cracovie.*
102. — *La Châtelaine.*

MEHOFFER (Joseph). — Cracovie (S.).

103. — *Dame en deuil.*
104. — *Portrait d'un médecin.*
105. — *Portrait de Madame E.*

106. — *Paysage.*

107. — *Le Festin d'Emmaüs.*

108. — *Projets de vitraux, pour la Cathédrale du Wawel à Cracovie.*

109. — *Cartons décoratifs pour vitraux (Cathédrale de Cracovie.)*

A. *Christ.*

B. *Notre-Dame.*

C. *L'ange et le génie.*

D. *L'ange et le génie.*

110. — *Projets de vitraux pour le chœur de la Cathédrale de Fribourg.*

A. *Sainte-Trinité.*

B. *Histoire politique de Fribourg.*

C. *Histoire religieuse de Fribourg.*

111. — *Projets de décors, pour le drame « Judas » de Rostworowski* (théâtre de Cracovie.).

112. — Eaux-fortes.

MĘDRZYCKI (MAURICE). — Paris.

113. — *Jeune Fille.*

MICHAŁOWSKI (PIERRE). — 1800-1855.

114. — *Portrait.*

115. — *Episode de Bataille.*

116. — *Episode de Bataille.*

117. — *Cavalier polonais.*

118. — *Chevaux percherons.*
119. — *En diligence.*
120. — *Promenade en voiture.*
121. — *Chevalier.*
122. — *Voiture attelée.*
123. — *Jeune garçon.*

MONDRAL (Charles). — Paris.

124. — *Portrait de M. Brandel.*

MORAWSKA (Mme). — Paris.

124 *bis.* — *Coin de Paris.*

MUTER (Mme Mela). — Paris.

125. — *Nature morte.*
126. — *Projet de décoration.*

NAWROCZYŃSKI (Jean). — Paris.

127. — Dessin.
128. — Dessin.

NOAKOWSKI (Stanislas). — Varsovie (S.).

129-139. — *Motifs d'architecture.* — Dessins.

ORLOWSKI (Alexandre). — 1777-1834.

140. — *Le prince Joseph Polniatowski.*
141. — *Cosaque.*
142. — *Tête d'homme.*

PANKIEWICZ (JOSEPH). — Paris.

143. — *Paysage.*
144. — *Paysage.*
145. — *Poissons.*
146. — *Fleurs.*
147. — *La Seine à Caudebec-en-Caux.* — Eau-forte.
148. — *Concarneau.* — Eau-forte.
149. — *Meudon.* — Eau-forte.
150. — *Les gondoles.* — Eau-forte.
151. — *Rue à Sienne.* — Pointe-sèche.

PAUTSCH (FRÉDÉRIC). — Poznań (S.).

152. — *Le noyé.*
153. — *Portrait de l'auteur et de sa famille.*

PESKE (JEAN). — Paris.

154. — *Pins maritimes.*
155. — *Le Tamaris.*
156. — *Automne.*

PESZKE (JEAN). — 1767-1831.

157. — *Portrait du professeur Barankiewicz, de l'Université de Wilno.*

PFANNHAUSER. — Varsovie. — 1830-1850.

158. — Portrait.

PIEŃKOWSKI (Ignace). — Cracovie (S.).

159. — *Nature morte.*

160. — *Nature morte.*

PIOTROWSKI (Wenceslas). — Paris.

161. — *Seine.*

PIRAMOWICZ (Mlle Sophie). — Paris.

162. — *Fleurs.*

POCHWALSKI (Casimir). — Cracovie.

163. — *Portrait.*

PODKOWIŃSKI (Joseph). — 1866-1895

164. — *Portrait de Madame K.*

165. — *La rencontre.*

166. — *Paysage.*

167. — *Une rue de Varsovie vue de l'atelier de l'artiste.* — Aquarelle.

168. — *Paysage.*

169. — *Paysage.*

PRUSZKOWSKI (Thadée). — Varsovie.

170. — *Jeune guerrier en armes.*

REMBOWSKI (Jean). — Varsovie.

171. — *Portrait de l'artiste.*

172 — *Portrait du Capitaine Januszkiewicz.*

73. — *Portrait.* — Sanguine.

ROGUSKI (Ladislas). — Varsovie.

174. — *Madone.*

RUBCZAK (Mme Marie). — Paris.

175. — *Odalisque.*

RUBCZAK (Jean). — Paris.

176. — *Oliviers.*
177. — *Route de Collioure.*
178. — *Maison de Colliure.*
179. — *Pont-Neuf.* — Eeau-forte.
180. — *L'hiver.* — Eau-forte.

RUSIECKI (Canut). — † 1860.

181. — *Jeune Italien*

RUSTEM (Jean). — † 1835.

182. — *Anciens types polonais.* — Sépia.
183. — *La lecture.* — Sépia.

RUSZCZYC (Ferdinand). — Wilno (S.).

184. — *La Terre.*
185. — *Moulin en hiver.*
186. — *Vision d'hiver.*
186 *bis.* — *Brise printanière.*

RUTKOWSKI (Félix). — Varsovie (S).

187. — *Broderies.*

SAMLICKI (Martin). — Paris.

188. — *Un peintre.*
189. — *Vue de Martigues.*
190. — *Vue de Sèvres.*

SICHULSKI (Casimir). — Lwów (S).

191. — *Les trois rois* (triptyque).
192. — *M. Louis Solski dans « Frédéric le Grand », pièce de A. Nowaczyński.*

SIEDLECKI (François). — Varsovie.

193. — *Le baiser.* — Eau-forte.
194. — *La naissance.* — Vernis mou.
195. — *Cortège.* — Eau-forte.
196. — *Portrait de C. Norwid.* — Eau-forte.

SIESTRZEŃCEWICZ-BOHUSZ (Stanislas). — Wilno.

197. — Dessin.

SIMLER (Joseph). — 1823-1868.

198. — *Dame en robe lilas.*

SKOCZYLAS (Ladislas). — Varsovie.

199. — Gravures sur bois.

ŚLEWIŃSKI (Ladislas). — 1854-1918.

200. — *Portrait de l'artiste.*
201. — *Marine.*
202. — *Pivoines.*
203. — *Fleurs.*
204. — *Etude.*
205. — *Neige.*

SMUGLEWICZ (François). — 1745-1807.

206. — *Portrait.*

STANKIEWICZ (Mlle Sophie). — Varsovie.

207. — *Vues de Varsovie.* — Eaux-fortes.

STANISŁAWSKI (Jean). — 1860-1907. (S).

208. — *Paysage.*
209. — *Paysage.*
210. — *Vue de Kiew.*
211. — *Vue de Kiew.*
212. — *Vue de Kiew.*
213. — *Paysage.*
214. — *Paysage.*
215. — *Paysage*
216. — *Paysage.*

217. — *Paysage.*
218. — *Paysage.*
219. — *Paysage.*
220. — *Paysage.*
221. — *Paysage.*
222. — *Paysage.*
223. — *Paysage.*
224. — *Paysage.*

STRYJEŃSKA (Mme Sophie). — Cracovie (S.).

225. — *Un roman.* — 8 aquarelles.
226. — *Les dieux slaves.* — 3 aquarelles.
227. — *Varsovie : vieille cité.* — 4 aquarelles.
228. — *Noëls.*
229. — *Chansons paysannes.*

SZCZYGLIŃSKI (Henri). — Varsovie (S.).

230. — *Parc de Łazienki en hiver.*
231. — *Roses fanées.*
232. — *L'église des Dominicains à Cracovie.* — Lithographie.

TETMAJER (Wlodzimierz). — Cracovie.

233. — *Noël.*

TICHY (Charles). — Varsovie (S.).

234. — *Intérieur.*

TROJANOWSKI (ÉDOUARD). — Varsovie (S.).

235. — *Cracovie en hiver.*
236. — *Etude.*
237. — *Etude* (Kazimierz-sur-Vistule).
238. — *Projets de décor pour une église.*

WEISS (WOJCIECH). — Cracovie (S.).

239. — *Déjeuner de famille.*
240. — *Une blonde.*
241. — *Portrait.*
242. — *Dormeuse.*
243. — *Politique.*
244. — *Jeune fille en cheveux.*
245. — *Vénus.*
246. — *Cérès.*
247. — *Repos du paysagiste.*
248. — *Paysage.*
249. — *Paysage.*
250. — *L'automne.*

WEYSSENHOFF (HENRI). — Varsovie.

251. — *Paysage d'hiver.*

WOJTKIEWICZ (WITOLD). — 1880-1911 (S.).

252. — *Conte de fées.*
253. — *Conte de fées.*
254. — *Portrait d'un peintre.*

255. — *Marionnettes.*
256. — *L'histoire du cheval de bois.*
257. — *La légende du chevalier.*
258. — *Un cauchemar.*

WYCZÓŁKOWSKI (Léon). — Cracovie (S.).

259. — *Récolte de betteraves.*
260. — *Le labourage.*
261. — *Le pêcheur.*
262. — *Arbres en fleurs.*
263. — *Paysage.*
264. — *Vues de Cracovie.* — 8 aquarelles.
265. — Lithographies.
266. — *Portrait de l'artiste.* — Eau-forte.
267. — *Le pêcheur.* — Eau-forte.

WYSPIAŃSKI (Stanislas). — 1869-1907 (S.).

268. — *Portrait de l'artiste.* — Pastel.
269. — *La maternité.* — Pastel.
270. — *Fillette.* — Pastel.
271. — *Fillette.* — Pastel.
272. — *Fillette.* — Pastel.
273. — *Fillette.* — Pastel.
274. — *Fillette.* — Pastel.
275. — *Tête d'enfant.* — Pastel.
276. — *Tête d'enfant.* — Pastel.
277. — *Tête d'enfant.* — Pastel.

278. — *Un nourrisson.* — Pastel.

279. — *M. Louis Solski dans « Warszawianka » par Stanistas Wyspiański.* — Pastel.

280. — *M. Louis Solski dans le rôle du roi Jagellon.* — Pastel.

281. — *M. Louis Solski dans un drame de Shakespeare.* — Pastel.

282. — *M. Louis Solski dans « Skarb » par L. Staff.* — Pastel.

283. — *Apollon. Illustration de l'Iliade.* — Dessin.

284. — *La mort des héros. Illustration de l'Iliade.* — Dessin.

285. — *Paysage.* — Pastel.

286. — *Paysage.*

ZAK (Eugène). — Varsovie (S.)

287. — *Chant d'amour.*

ZAWADOWSKI (Wenceslaw). — Paris.

288. — *Porte de Collioure.*

289. — *Portrait.*

ZAWADZIŃSKI (Czeslaw). — Paris

290. — *Dame en vert.*

291. — *Dahlias.*

292. — *Primevères.*

BUYKO (Boleskas). — Paris.

292 *bis*. — Aquarelles.

BUŁHAK (Jean). — Wilno.

293. — *Photographies artistiques de Varsovie et de Wilno* (Architecture et Sculpture).

Publications rédigées par Zenon PRZESMYCKI-MIRIAM (Varsovie) :

294. — Numéros et planches de la « *Chimera* ».

295. — *Œuvres de* Cyprien Norwid (*édition* I. Mortkowicz à Varsovie).

Diverses publications de Varsovie, Cracovie, Lwów et Wilno.

SCULPTURE

BIEGAS (Boleslas). — Paris (S.).

296. — *La douleur.* — Plâtre.

297. — *La création du monde.* — Plâtre.

BLACK (François). — Paris.

298. — *Eve.*

299. — *Madone.*

300. — *Portrait de Mme* Lachowska.

301. — *Portrait de* Mme Pieńkowska.

BOHDANOWICZ (Hedwige). — Paris.

302. — *Bas-relief.*

303. — *Tête de jeune fille.*

DUNIKOWSKI (Xavier). — Cracovie (S.).

304. — *Portrait de M. Mączynski, architecte.*

305. — *Portrait de M. Louis Solski.*

306. — *Portrait de M. Casimir Kamiński.*

307. — *Fontaine.*

308. — *Portrait de Mme B.*

309. — *Portrait de Mme K.*
310. — *Portrait de Mme D.*
311. — *Portrait.*
312. — *Portrait.*
313. — *Portrait de M. R.*
314. — *Tête de femme.*
315. — *Tête d'homme.*
316. — *Tombeau de Boleslas le Téméraire.*

GETTER (STANISLAS). — Cracovie (S.).

317. — *Statuette.* — Bronze.

KAMIŃSKA (Mme SOPHIE). — Varsovie (.S).

318. — *Tête de nègre.* — Marbre.
319. — *Masque.* — Marbre.

KUNA (HENRI). — Varsovie.

320. — *Torse.* — Marbre.
321. — *L'aurore.* — Marbre.
322. — *Le crépuscule.* — Ebène.
323. — *Le rythme.* — Ebène.
324. — *Tête d'enfant.* — Bronze.
325. — *Tête de femme.* — Bronze.

LASZCZKA (CONSTANTIN). — Cracovie (S.).

326. — *Tête de femme.* — Marbre.

327. — *Portrait de M. Żuk-Skarszewski.* — Bronze.
328. — *Portrait de M. L.* — Bronze.
329. — *Buste de la Cesse Adam Sobańska.*
330. — *Buste de Mlle M. Czosnowska.*
331. — *Lumière errante.*

OSTROWSKI (STANISLAS). — Varsovie.

332. — *Portrait de Mlle O. de Boznanska.*

OSTRZEGA (AL.) — Varsovie.

333. — *Tête de jeune fille.*

PELCZARSKI (BRONISLAS). — Cracovie.

334. — *Enfants.*

POPŁAWSKI (STANISLAS.) — Cracovie.

335. — *Portrait de la fille de l'artiste.*

PUGET (LOUIS DU). — Paris (S.).

336. — *Iracunda.* — Plâtre.
337. — *Figelinda.* — Plâtre.
338. — *Buste d'enfant.* — Plâtre.
339. — *Buste d'enfant.* — Plâtre.
340. — *Panthère.* — Bronze.
341. — De France en Pologne (maquette

du monument destiné à commémorer la formation et le départ de l'armée Haller en Avril 1919).

RASZKA (JEAN). — Cracovie.

342. — *Médailles.*

RYGIER J. (THÉODORE) 1841-1913.

343. — *Copernic.* — Bronze.

SZCZYT-LEDNICKA (MME).

344. — *L'Adolescent.*

ŚWIĘCIŃSKI (GEORGES-CLÉMENT). — Paris.

345. — *La vierge sage.*

346. — *La vierge folle.*

347. — *Jeune fille basque.*

WITTIG (ÉDOUARD). — Varsovie.

348. — *Portrait du Maréchal J. Pilsudski.* Marbre.

349. — *Eve.* — Marbre.

350. — *La Victoire.* — Bronze.

351. — *Buste de la Comtesse Branicka.* Marbre.

Affiches de différents auteurs exécutées notamment chez M. PRUSZYŃSKI, lithographe à Cracovie, et M. GŁÓWCZEWSKI, lithographe à Varsovie.

Meubles de la collection de M. Stanislas PATEK à Varsovie.

Tapisseries et ceintures polonaises de la collection de Mme Marie WYDŻGA à Varsovie.

L'Affiche de l'Exposition a été exécutée par M. Ladislas ROGUSKI, la *Couverture* du Catalogue — par M. Wojciech JASTRZĘBOWSKI.

L'aménagement et la *décoration* des salles ont été effectués sous la direction de M. Ferdinand RUSZCZYC.

PARIS. — SOCIÉTÉ GÉNÉRALE D'IMPRIMERIE ET D'ÉDITION
ANC. IMPR. LEVÉ, 71, RUE DE RENNES.

www.ingramcontent.com/pod-product-compliance
Ingram Content Group UK Ltd.
Pitfield, Milton Keynes, MK11 3LW, UK
UKHW022143260726
13993UKWH00005B/2115

9 782329 198194